Christa Spilling-Nöker

VOM SEGEN DER WINTER- UND WEIHNACHTSZEIT

EINLADUNG

In diesem Jahr habe ich einen Adventskalender geschenkt bekommen. Keinen mit Marzipan oder Schokoladenfigürchen, auch keinen mit einem meditativen Text für jeden Tag. Es ist ein Kalender, wie ich ihn in meiner Kindheit hatte: Mit einem Christbaum und einer Weihnachtskutsche – und mit viel Flitter darauf, der beim Öffnen der Türchen an den Fingern klebt. Mag sein, dass das ungesund ist. Aber die ganze Seligkeit, mit der ich damals als kleines Mädchen mit eben solch einem Adventskalender dem Weihnachtsfest von Tag zu Tag, von Türchen zu Türchen entgegengefiebert hatte, war für einige Augenblicke wieder spürbar. Manchmal tut es eben gut, beglückende Erinnerungen an vergangene Zeiten noch einmal zu vergegenwärtigen und davon zu zehren. Die Erinnerungen an die frühen Jahre, das ist das eine. Als Erwachsene verfügen wir heute natürlich über viele andere Erfahrungen unseres Lebens, die in die Vorbereitungen auf das Weihnachtsfest einfließen und Gestalt gewinnen. Mögen die Winter-, Advents- und Weihnachtstexte dazu anregen, uns wieder ganz neu auf das schönste Fest des Jahres einzustimmen, damit es auch heute wieder hell wird um uns herum und geheimnisvoll und warm in uns selbst.

Christa Spilling-Nöker

ADVENT

Die Adventszeit hat ihre eigene Behaglichkeit. Von Sonntag zu Sonntag zünden wir am Adventskranz eine Kerze mehr an. Damit bringen wir zum Ausdruck, dass wir auf die Ankunft Jesu Christi, das Licht der Welt, warten, dessen Geburt wir zu Weihnachten feiern. Wir vertrauen darauf, dass uns in unserem Leben wieder ein Licht aufgeht, sodass wir den Weg finden und gehen, der richtig, der heilvoll für uns ist.

IM LICHT DER ADVENTSKERZE

Wir zünden heute
die erste Adventskerze an.
Die Dunkelheit hat jetzt
ihr Ende gefunden.
Alles um uns herum erscheint
– schemenhaft noch –
in neuem Licht.
Der erste Glanz
weihnachtlicher Fülle
lässt uns heute schon
leise erahnen,
dass in unserer Mitte
überraschend Neues
Gestalt gewinnt.
Wir haben vom Leben
noch etwas
zu erwarten.

LICHT SEIN

Hast du dich schon einmal
in eine brennende Kerze
hineinversenkt,
in das Flackern und Leuchten des Lichtes?
Hast du schon einmal
die Wärme gespürt,
die ein Kerzenlicht ausstrahlt,
sodass es dir wohl wird
und du dich geborgen fühlst
und daheim?
Hast du schon einmal daran gedacht,
dass eine Kerze dir all das
– Licht, Wärme und Geborgenheit –
nur schenken kann,
indem sie sich selbst verzehrt?
Vielleicht macht dir das Mut,
wenn du selbst deine Kräfte erschöpft hast
und dich nach dem Sinn
all der Mühsal fragst:
dass du anderen
zum Licht geworden bist,
Zeichen gesetzt
und neue Wege erleuchtet hast.
Deshalb wünsche ich dir,
dass du Licht bist,
dass du Licht bleibst
und Licht erfährst
in deinen eigenen Dunkelheiten.

MACHE DICH AUF!

Mache dich auf den Weg
und suche das Licht,
das tief in deiner Seele
unter vielen Traurigkeiten
fast erloschen ist.

Mache dich auf den Weg
und grabe die Hoffnung aus,
die tief in deiner Seele
unter tausend Ängsten
ganz verschüttet ist.

Mache dich auf den Weg
und lasse die Lebenskräfte frei,
die tief in deiner Seele
durch erlittene Schmerzen
ganz gefesselt sind.

Mache dich auf den Weg
und finde wieder heim
zu dir selbst:
und du wirst wieder
leuchten
und hoffen
und leben.

WINTERTRÄUME

Klirrende Kälte, Sonne am blauen Himmel und verschneite Tannen, die wie ein Märchenwald anmuten: Wer kann sich da dem Reiz eines Spaziergangs schon entziehen, um die klare Luft und zugleich die Stille tief einzuatmen? Ein duftender heißer Tee wärmt einen daheim dann wieder richtig durch.

STILLE AUSKOSTEN

Dem Winter
sein eigenes Recht
geben.
Nicht wachsen müssen,
blühen und reifen,
sondern sein dürfen,
einfach nur sein
und die Stille
auskosten,
Stunde um Stunde,
bis der Frühling
dich wärmend
zu neuer Wandlung
erweckt.

WUNDER DER NACHT

Über Nacht
können sich entlaubte Bäume
in einen winterlichen Märchenwald
verzaubern.
Über Nacht
kann sich die graue Trostlosigkeit
enttäuschter Hoffnungen
zu einem hellen Traum
verwandeln –
voller Zartheit
und Licht.

RUHEPAUSEN

Ich wünsche dir,
dass du die Zeit der Stille
genießen kannst,
denn auch Stillstand darf sein.
Wenn sich die Natur
im Wachsen und Werden
eine Ruhephase gönnt,
so darfst auch du dir
Zeiten schenken,
in denen du nichts arbeiten
und leisten musst.
Nach einer schöpferischen Pause
strömen dir wieder Kräfte zu,
um dein Leben lustvoll
in Angriff zu nehmen.

STAUNEN DÜRFEN

Staunen dürfen
über das Wunder,
dass es Farben gibt
und Freude
unter winterlichem Grau.

Staunen dürfen
über das Wunder,
dass dem Leben
neue Zuversicht
ins Herz wachse

WINTERTAGE

Wenn Eisblumen
an Fenstern glitzern
und frostige Tage
dich zu einem
sonnigen Spaziergang
einladen,
dann wünsche ich dir,
dass du die
kalte Jahreszeit
nicht verwünschst,
sondern ein wenig
genießen kannst.
Auch Wintertage gehören
zu deinem Leben
dazu.

NEUES BLÜHT AUF

Auch der kahle Winter
treibt Blüten hervor,
farbenfroh leuchtend
zur Weihnachtszeit.
Hoffnung läuten sie dir
ins Gemüt:
Nichts muss bleiben,
wie es gewesen ist.
Neues steht vor der Tür,
will von dir begrüßt
und umarmt sein
und letztlich Einlass finden
in dein Herz.

CHRISTROSE

Aufblühen
in der Mitte des Winters,
unter kahlen Zweigen,
in frostiger Kälte
und eisiger Trostlosigkeit.

Aufblühen
in der Mitte des Winters,
wenn noch niemand
den Frühling auch nur
zu ahnen vermag.

Aufblühen
in der Mitte des Winters,
Hoffnungszeichen im Herzen,
wie es die Gnade
der Weihnacht verheißt.

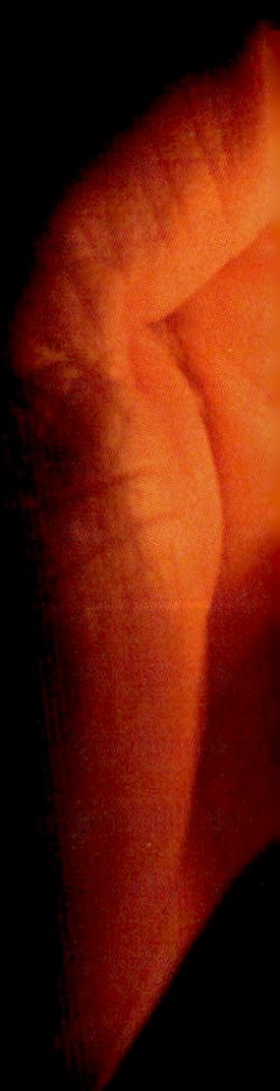

NIKOLAUSTAG

Am Nikolaustag stecken wir vor allem den Kindern, aber gelegentlich auch unserem Lebenspartner ein kleines Geschenk in die Schuhe. Wir erinnern uns dabei an den heiligen Nikolaus, der in der ersten Hälfte des vierten Jahrhunderts Bischof in dem Städtchen Myra war. Zahlreiche Legenden erzählen von seiner Mildtätigkeit, im Zuge derer er auch notleidende Menschen beschenkt hat.

LIEBESGABE

Was kannst du
einem anderen Menschen
Schöneres schenken
als ein Paket
guter Gedanken,
ein zärtliches
oder tröstendes Wort,
ein aufrichtiges:
„Ich habe dich lieb“
oder, so nötig, ein:
„Bitte vergib!“

ZEIT SCHENKEN

Das wertvollste Geschenk,
das wir einem Menschen
machen können,
ist ein Teil
unserer Zeit.
Es kostet kein Geld
und macht den anderen
trotzdem reicher –
und wenn es dann noch
in Güte und Liebe
gehüllt wird,
ist es ein Stück
vom Himmel.

MIT DEM HERZEN GEBEN

Schenken heißt:
Nicht allein mit den Händen,
sondern mit dem Herzen
zu geben.

WEIHNACHTEN

Wem wird nicht warm ums Herz, wenn er die Räume für das Weihnachtsfest schmückt und die duftenden Plätzchen auf den Tisch stellt? Zu Weihnachten feiern wir die Geburt Jesu Christi im Stall von Betlehem. Wir träumen davon, dass eine neue Hoffnung in der Welt zu atmen beginnt, die unsere Herzen zu Versöhnung und Frieden hin verwandelt und erneuert.

WEIHNACHTLICHES GEHEIMNIS

Das Geheimnis
der Weihnachtszeit
zaubert mir
schon am Morgen
ein lichtes Lächeln
auf mein noch
müdes Gesicht.
Trostgedanken
wachsen mir leise
von innen her zu,
und mein Herz
weitet sich zu
einer Herberge
des Friedens.

SPIEL DER HOFFNUNG

Wenn Weihnachten kommt
– und ich meine damit nicht
das Datum des 24. Dezembers –,
sondern wenn sich Weihnachten
wirklich in dein Herz brennt,
dann hat die Hoffnung
ein leichtes Spiel.
Sie fügt das Zerrissene
wieder zusammen,
heilt das Verwundete
und füllt die innere Leere aus,
sodass du ganz in dir selbst
ruhen kannst.

KRAFT DER VERWANDLUNG

Wenn dich die Weihnachtsnacht
mit der Fülle ihrer Sterne umfängt
und sich der Segen göttlicher Verheißung
auf erneuertes Leben in dir ausbreitet,
dann darfst du etwas ahnen
von der Kraft der Verwandlung,
die deine Seele für alle Zukunft hin
in ihren Bann ziehen will.

AN DER KRIPPE

Schweigend stehe ich
vor der Krippe
und staune still darüber,
dass mir über Nacht
eine neue Hoffnung
geboren worden ist
und die verloren
geglaubte Freude
auf geheimnisvolle Weise
in mir noch einmal
das Licht der Welt
erblickt hat.

LEUCHTENDE NACHT

Leuchtende Nacht,
senke dich mit deinem
weihnachtlichen Glanz
in mein Herz,
damit ich von innen her
froh werden kann
und meine Lippen sich öffnen
zu Liedern des Lobes
und Dankes!

LICHTGLANZ

Himmel und Erde vereinen sich
in der wunderbaren Hoffnung,
dass die Lieder der Engel
von Liebe und Frieden
die Herzen aller Menschen
ergreifen und durchdringen,
damit das Leben für alle Zeiten froh
und vom Lichtglanz
des weihnachtlichen Geschehens
durchwoben wird.

DER ENGEL HARFENSPIEL

Zart und leise, zart und leise
klingt der Engel Harfenspiel,
bis sich schon in dunkler Nacht
die beängstigenden Träume lösen
und zu hellen Bildern hin verwandeln,
die dich Heilung ahnen lassen,
noch im Schlaf.

SICH SELBST ZUM ENGEL WERDEN

Lass dich nicht
verbrauchen durch das,
was andere Menschen
stets von dir wollen.

Schenke dir bisweilen
das, was du selbst
für dich brauchst:
Ruhe und Stille,
Freude und Glück!
Werde von Zeit zu Zeit
deinem eigenen Herzen
zum Engel!

ENGEL AUF DEINEM WEG

Mögen Engel dich begleiten,
dich behüten Tag und Nacht
und dir deine Seele weiten,
dass dein Herz vor Freude lacht.

Mögen sie dir ihre Hände
reichen vor dem tiefen Graben,
dass sich deine Angst jetzt wende,
weil sie dich herübertragen.

Mögen sie auf allen Wegen
dich mit ihrem Licht beschenken
und mit ihrem sanften Segen
deine Schritte wahrhaft lenken.

GESEGNET SEIN

Ich wünsche dir,
dass sich dir der Himmel
zu Füßen legt,
damit du wie auf
Wolken gehst.

Ich wünsche dir,
dass tausend Sterne
auf dich niederregnen,
damit es hell
in deiner Seele wird

Ich wünsche dir,
dass sich ein Engel
in dein Herz stiehlt,
damit du dich
gesegnet weißt.

FÜRCHTE DICH NICHT

Licht und leicht
jubelt der Engel
von Frieden und Freude.
Er will dich heute
dazu bewegen,
dich einzulassen
auf seine beflügelnde Kraft.
Was kann dir denn
schon noch passieren,
wenn sein „Fürchte dich nicht!“
deine Seele ergreift
und durchströmt?

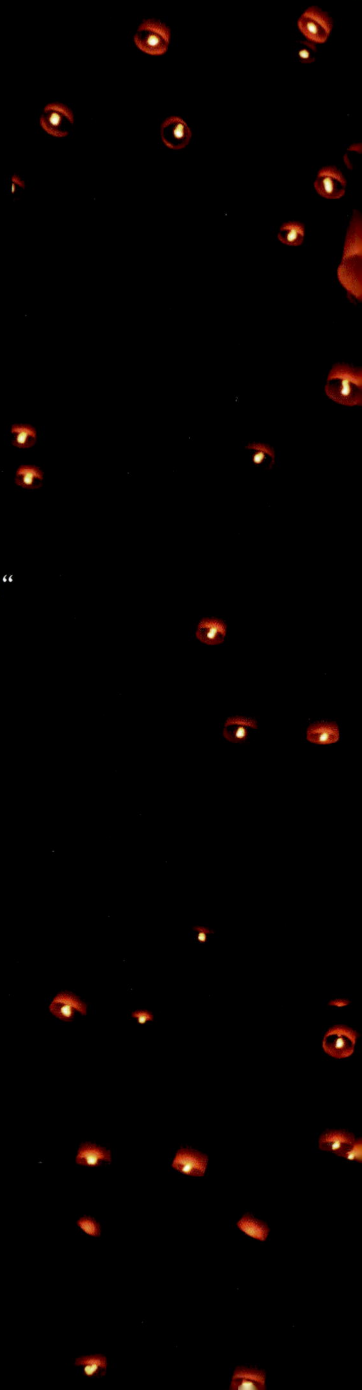

GNADE UND GLÜCK

Heute
strahlen die Sterne,
musizieren die Engel,
staunen die Hirten
auf weitem Feld.
Das Kind in der Krippe
öffnet dir den
Zugang zum Himmel
auf Erden,
tauscht deinen Kummer ein
gegen Gnade
und Glück.

DAS GESCHENK DER LIEBE

„Was bleibt mir noch
für eine Hoffnung?“,
fragte der Hirte
draußen bei Nacht
auf einsamem Feld.

„Du Narr“,
antwortete der Engel,
„das Geschenk der Liebe
liegt doch nun wirklich
zum Greifen nah.“

EIN ENGEL FÜR DICH

Warum sollte gerade mir
ein Engel begegnen?,
fragst du dich verwundert
wie einst die Hirten
auf weitem Feld.

Vielleicht, weil die Engel
gerade bei jenen Menschen
Einkehr halten,
die am wenigsten
an ihre Wirklichkeit glauben
d die zugleich ihrer heilenden
und rettenden Kraft
am stärksten bedürftig sind.

IN DUNKLER NACHT

In dunkler Nacht
wurde die Liebe
in die Welt hinein entbunden.
Möge sie unsere Herzen
dauerhaft durchwärmen,
damit unsere Tränen trocknen
und wir der Freude
wieder Tor und Tür
öffnen können.

Möge uns das Glück
des eigenen Lebens
zugleich auf den Weg bringen,
das Licht der Weihnacht
in die Welt hineinzulieben,
damit ein jeder Mensch
auf dieser Erde
an Leib und Seele
gesättigt wird.

FRIEDEN

Möge das Geheimnis
von Weihnachten
unsere Herzen
mit dem Funken der Liebe
entzünden,
möge es unsere Seele erhellen
und unsere kleine Kraft
stärken,
damit wir Hass und Streit
überwinden
und zu Boten des
Friedens werden.

DIE STREITAXT BEGRABEN

Ich schenke dir heute
eine Friedenserklärung
mit folgendem Inhalt:

Ich will die Streitaxt
jetzt endgültig begraben –
genauer hinhören auf das,
was du zu sagen hast –
dich in deinem Schweigen
still gewähren lassen –
deine Grenzen
akzeptieren lernen –
mich mit deinen kritischen
Einwänden auseinandersetzen –
sensibler auf deine
Bedürfnisse eingehen –
dafür Sorge tragen,
dass du nicht zu kurz kommst –
nach meiner eigenen
Schuld suchen –
Vergebung einüben.
Ich wünsche mir, dass du
all diese guten Absichten
auch im Hinblick auf mich hegst.

SILVESTER UND NEUJAHR

Seit dem 16. Jahrhundert ist der 31.Dezember der letzte Tag im Jahr. Er wurde nach Papst Silvester I. benannt, der am 31.12.335 gestorben ist. Heutiges Brauchtum zum Jahresende wie das Orakelbefragen beim Bleigießen, Lärmen in der Nacht und das Fassen von guten Vorsätzen für das neue Jahr haben eine alte Tradition.

GUTE VORSÄTZE

Im kommenden Jahr
will ich allen Ballast abwerfen
und mir Zeit nehmen für das,
was mir Freude schenkt
und mich glücklich macht.
Im kommenden Jahr
will ich wachsamer sein
auf die bunten Bilder
meiner heiteren Träume
und ihrem Ruf folgen.
Im kommenden Jahr
will ich mich mehr und mehr
den Menschen zuwenden,
die meiner Aufmerksamkeit
und Hilfe bedürftig sind.
Im kommenden Jahr
will ich die mir geschenkte Zeit
nicht mehr vergeuden,
sondern auf vielfältigste Weise
mit Leben füllen.

DREIKÖNIGSFEST

Mit dem Dreikönigsfest am 6. Januar endet die Weihnachtszeit. Wir gedenken an diesem Tag der drei Magier, die, der Legende nach, dem Stern nach Betlehem gefolgt sind, um das Kind in der Krippe anzubeten. Auch wir hoffen immer wieder darauf, dass uns ein Stern aufgeht, der uns zum Ziel unseres Lebens führt.

LICHT IN DER DUNKELHEIT

Wir haben einen Stern gesehen,
ein einsames Licht,
hoch am Himmel leuchtend
in tief dunkler Nacht.
Also stehen wir auf
aus der lähmenden Befangenheit
unserer Traurigkeiten
und machen uns auf
nach Betlehem,
wo uns die Fülle des Lebens
verheißen und geboren ist.

SEGENSWUNSCH

Ich wünsche dir
ein gesegnetes Jahr,
Zeiten, in denen du erfüllende
und bereichernde Erfahrungen machst,
Augenblicke des Glücks,
die deine Seele aufjauchzen lassen
vor Freude,
weil dir ein Stern vom Himmel fällt
und die verborgenen Träume der Nacht
am Tag zum Leben
erwachen.

DAS LICHT IN SICH BEWAHREN

Ich wünsche dir,
dass dir das Licht,
das zu Weihnachten
dein Herz erhellte,
nach den Feiertagen
nicht wieder verloren geht,
sondern dass es deine Seele
und all deine Wege
durchwärmt und erleuchtet
im kommenden Jahr.

Die Texte in diesem Buch stammen von **Christa Spilling-Nöker.** Sie ist 1950 in Hamburg geboren, Dr. phil., Pfarrerin der badischen Landeskirche a. D. und lebt als freie Schriftstellerin in Ettlingen. Sie hat eine tiefenpsychologische Zusatzausbildung.

Seit 20 Jahren veröffentlicht der Verlag am Eschbach Texte von Christa Spilling-Nöker.

Zurzeit sind folgende Titel von Christa Spilling-Nöker im Verlag am Eschbach lieferbar:
Bleib mein Engel, bleib bei mir. Gedanken der Zuversicht (688) · Das Geheimnis des Apfelbaums (873) · Der Himmel ist in dir. Segensworte (108 / 725) · Ein großes Ja zum Leben. Ermutigungen (788) · Eine Brücke aus Licht. Ermutigungen (964) · Ein heiter-besinnliches Florarium gepflanzt und gehegt von Chr. Spilling-Nöker (70125) · Eine Rose bist du. Von der Weisheit und vom Zauber der Rosen (764) · Ein Haus für deine Seele. Ermutigungen (973) · Ein Korb voller Glück. Glück und Segenswünsche (889) · Halte deine Träume fest Immer wieder Neues wagen (70120) · Ins Herz buchstabiert (70057) . Jeder Augenblick zählt. Segensworte (553) · Komm, mein Engel, komm. Beflügelnde Worte für jeden Tag (523) · Seelenmedizin verschrieben von Dr. Chr. Spilling-Nöker (70059) · Was mir gefällt auf dieser Welt. Von der Dankbarkeit (767) · Wenn du eine Blume siehst (894) · Ein Segen bist du. Glück- und Segenswünsche (144). Heute grüßt dich eine Rose. Wünsche und Gedanken (298) · Eine Seelenapotheke. Heilsame und ermutigende Gedanken (195).

Mit Bildern von:
Neung Stocker Photography/Shutterstock.com (Umschlag), **Ruslan M.**/Shutterstock.com (Vorsatz, S. 19), **KonstantinChristian**/Shutterstock.com (S. 3, Nachsatz), **Im Perfect Lazybones**/Shutterstock.com (S. 4-5), **Sumikophoto**/Shutterstock.com (S. 6), **Dimitrios**/Shutterstock.com (S. 8-9), **ngarare**/Shutterstock.com (S. 10-11), **Pprapann**/Shutterstock.com (S. 12-13), **Efired**/Shutterstock.com (S. 14-15), **Serg64**/Shutterstock.com (S. 17), **Alberto Masnovo**/Shutterstock.com (S. 20-21), **Mark Lehigh**/Shutterstock.com (S. 22-23), **pixbox77**/Shutterstock.com (S. 24-25), **Pavelis**/Shutterstock.com (S. 26-27), **Neung Stocker Photography**/Shutterstock.com (S. 28-29), **Pincasso**/Shutterstock.com (S. 30-31), **Antonov Roman**/Shutterstock.com (S. 32-33), **Sarah2**/Shutterstock.com (S. 34), **Furtseff**/Shutterstock.com (S. 36), **ConstantinosZ**/Shutterstoc.com (S. 39).

Bibliographische Information der Deutschen Nationalbibliothek:
Die Deutsche Nationalbibliothek verzeichnet diese Publikation in der Deutschen Nationalbibliographie; detaillierte Daten sind im Internet über http://dnb.d-nb.de abrufbar.

ISBN 978-3-86917-244-6

Im Alten Rathaus/Hauptstraße 37
D-79427 Eschbach/Markgräflerland

www.verlag-am-eschbach.de

Gestaltung, Satz und Repro: Angelika Kraut, Verlag am Eschbach
Schriftvorlagen: Petra Hauser, Münstertal
Herstellung: Süddeutsche Verlagsgesellschaft Ulm

Manufakt

Dieser Baum steht für klimaneutrale Produktion,
umweltschonende Ressourcenverwendung,
individuelle Handarbeit und sorgfältige Herstellung.